Ironische Prozesse
DIE UNMÖGLICHKEIT DER GEDANKENUNTERDRÜCKUNG

VON HENNES RÖHR

STUDIENARBEIT

HOCHSCHULE DEGGENDORF

1

Inhalt

1. Problemstellung

Um die Problematik kurz zu umreißen seien hier zwei Fallbeispiele aus dem Alltag angeführt:

Frau A. hat sich fest vorgenommen ein paar Kilo abzunehmen, um sich im Sommer mit einer mustergültigen Bikinifigur zeigen zu können. Dafür will sie bewusst über einen längeren Zeitraum ganz auf Schokolade verzichten. Obwohl sie eigentlich nie übermäßiges Interesse an Schokolade hatte, ertappt sie sich plötzlich ständig beim Gedanken an die süße Versuchung.

Herr B. hat einen Sohn, der gerade eine Motorradreise unternimmt. Seit er unterwegs ist, sieht Herr B. vor seinem geistigen Auge ständig schwerste Unfallszenarien, in denen der Sohn verwickelt ist. Obwohl er weiß, dass sein Sohn erfahren und umsichtig fährt und sosehr Herr B. auch versucht die dunklen Gedanken zu verscheuchen, diese Bilder im Kopf lassen ihn nicht los.

Solche und ähnliche gedankliche Abläufe kennt jeder Mensch und es scheint wie verhext zu sein: je mehr man versucht sie zu verdrängen und sich zu beherrschen, umso stärker halten solche unerwünschten Gedanken und Bilder Einzug in unser Bewusstsein. Diese Gedanken stören uns und tauchen dennoch scheinbar unkontrollierbar ständig wieder auf. Unterschieden wird zwischen zwei Phänomenen unerwünschter Gedanken: intrusive Gedanken und Sorgen. Intrusive Gedanken werden als wiederholt auftretend, inhaltlich subjektiv belastend, oft dem Wertesystem des Betroffenen entgegengesetzt und schwer kontrollierbar beschrieben, während Sorgen als eine Kette aus negativen Gedanken und Bildern, die eng mit Ängsten besetzt sind, als ein Versuch mentaler Problemlösung mit ungewissem Ausgang definiert werden[1].

Solange es bei gewöhnlichen Alltagsphänomenen bleibt, ist die Problematik zwar lästig, da sich etwas in uns offenbar nicht unserem Willen beugt, aber nicht weiter bedrohlich. Diese sogenannten ironischen Prozesse können allerdings auch Symptome von pathologischen Zuständen, wie diversen psychischen Störungen, sein.

In jedem Fall möchte der Mensch aber Herr über seine Gedankenwelt und sein Gefühlsleben sein, umso bedeutsamer scheint es m.E. das Phänomen der Unmöglichkeit der Gedankenunterdrückung zu untersuchen. Das Selbstverständnis des Menschen hängt seit Beginn der Neuzeit wesentlich von der Selbstbestimmung des Individuums ab. Descartes, der bedeutendste Philosoph am Beginn des 17. Jahrhunderts, der Begründer der neuzeitlichen Philosophie, zieht alle bisherigen Gewissheiten in Zweifel und sucht nach dem sicheren, letztgültigen Fundament, das frei ist von Täuschungen. In seiner Maxime „ich denke, also bin ich" scheint er den unverlierbaren Kern der menschlichen Existenz gefunden zu haben. Im Denken gründet danach die Selbstgewissheit des Menschen und das Wesen des Subjekts[2]. Das Phänomen der Unmöglichkeit der

---

[1] Vgl. Fehm Lydia B.: Unerwünschte Gedanken bei Angststörungen. Diagnostik und experimentelle Befunde, Diss. masch. Dresden, 2000, 4.
[2] Vgl. Weischedel, Wilhelm: Die philosophische Hintertreppe. Die großen Philosophen in Alltag und Denken, München 362007, 114-124.

Gedankenunterdrückung wirft hingegen einen neuen Zweifel auf: „etwas denkt in mir - wer also bin ich?".

Die Vorstellung, dass Menschen unerwünschte Gedanken haben, gehörte zu Freuds fundamentalen Einsichten und seine Feststellung, dass Menschen diese zu unterdrücken suchen, diente lange Zeit als theoretischer Sammelplatz für die Studien der Psychopathologie[3]. So finden sich in psychoanalytischen Texten von Freud und Breuer, die Hysteriepatienten betreffen, häufig Aussagen über Reminiszenzen von unangenehmen Erinnerungen an traumatische Ereignisse, die in den Patienten einen großen Leidensdruck erzeugen. Freud und Breuer interpretierten diese Gedanken als Folge unterdrückter Emotionen hinsichtlich der traumatisierenden Erlebnisse, wenn diese nicht verarbeitet werden[4].

Die vorliegende Seminararbeit möchte zunächst in aller gebotenen Kürze darstellen, wie durch gezielte Experimente diese unkontrollierten Prozessen analysiert werden, welche Aussagen über die Ergebnisse der empirischen Untersuchungen getroffen werden können und wodurch diese Prozesse überhaupt zustande kommen. Der zweite Teil dieser Arbeit wird sich mit der Gedankenunterdrückung und ihrem Zusammenhang mit diversen psychopathologischen Störungen befassen und aufzeigen, welche möglichen Lösungsansätze es gibt.

---

[3] Vgl. Wegner D.M./ Schneider,D.J./ Carter,S.R../ White,T.L.: Paradoxical Effects of Thought Suppression, in: Journal of Personality and Social Psychology, 53 (1987) 5-13.
[4] Traue, Harald C.: Emotion und Gesundheit. Die psychobiologische Regulation durch Hemmungen, Berlin 1998, 199.

Federführend hat Daniel M. Wegner[5] ab 1987 die Ergebnisse zu seinen Experimenten zur Unmöglichkeit der Gedankenunterdrückung veröffentlicht, von denen im Folgenden einige dargestellt und diskutiert werden.

---

[5] Wegner, D.M.: Ironic processes of mental control, in: Psychological Review, 101 (1994) 34-52.

2. Experiment 1

Grundsätzlich lässt sich zum Experiment als einer empirischen Methode der Psychologie festhalten, dass dadurch Aussagen zu Ursache und Wirkung ermöglicht werden sollen. Dazu bedarf es bei der Durchführung konstanter Einflussgrößen und der systematischen Variation mindestens einer weiteren Einflussgröße[6].

2.1. Aufbau des 1. Experiments

34 Studierende (14 Männer, 20 Frauen) eines psychologischen Einführungskurses der Trinity University nahmen im Studienjahr 1987 freiwillig am Experiment teil. Es wurden zwei Versuchsaufgaben festgelegt: Für die anfängliche Gedankenunterdrückung sollte die erste Gruppe zuerst einen Gedanken unterdrücken und ihn dann zum Ausdruck bringen. Für den anfänglichen Ausdruck des Gedankens wurde der Ablauf für die zweite Gruppe entgegengesetzt festgelegt. Die Teilnehmer begannen individuell mehrere Anleitungen zu lesen, wie der eigene Gedankenfluss mitgeteilt werden kann; auf diese Weise sollten sie zu einer Verbalisation ermutigt werden, die sich mit bloßen Beschreibungen des Gedankens begnügt, ohne diese zu erklären oder zu rechtfertigen. Anschließend sollten sie nach Aufforderung für die Dauer von jeweils 5 min. jeder für sich alleine „alles, was in den Sinn kommt" auf Tonband sprechen,

---

[6] Vgl. Werth, Lioba/ Mayer, Jennifer.: Sozialpsychologie, Heidelberg u.a. 2008, 11.

nachdem der Versuchsleiter jeweils nach Ankündigung den Raum verlässt. Die Teilnehmer welche der ersten Gruppe zugewiesen waren, sollten beim zweiten Durchgang erneut „alles, was in den Sinn kommt" auf Band sprechen, diesmal aber darauf achten, dabei nicht an einen weißen Eisbären zu denken. Sobald der Gedanke dazu sich aufdrängte und/ oder das Wort Eisbär ausgesprochen wurde, sollte die Testperson die Tischklingel aktivieren. Im nächsten Durchgang wurde die Versuchsanordnung dahingehend variiert, dass die Testpersonen nun den Gedanken an den Eisbären zulassen und mittels Band und Klingel davon Kenntnis geben sollten.

Mit der zweiten Gruppe wurde die Versuchsanordnung in umgekehrter Reihenfolge durchgeführt: Die Aufgabe lautete, 5 min. an den Eisbären zu denken und dies mittels Tonaufzeichnung und Klingel zu bezeugen und in den darauffolgenden fünf Minuten den Gedanken an den Bären zu unterdrücken und das unerwünschte Auftauchen des Eisbären ebenso zu dokumentieren[7].

---

[7] Vgl. Wegner u.a..(1987), 6f.

2.2. Ergebnisse des 1. Experiments

Gruppe (je 17 Teilnehmer)	Unterdrückung	Ausdruck
Anfänglicher Ausdruck		
Glocke mit Verbalisation	2,75	6,96
Nur Glocke	4.09	4,86
Nur Verbalisation	0,43	4,56
Anfängliche Unterdrückung		
Glocke mit Verbalisation	1,36	8,00
Nur Glocke	4,71	7,71
Nur Verbalisation	0,23	6,35

Zeitspanne vs. Messung derGedanken je Gruppe und Zeitspanne[8]

Wegner analysierte die Ergebnisse wie in der Tabelle angegeben. In der Unterdrückungsphase taucht der Gedanke „Eisbär" signifikant seltener auf als in der Ausdrucksphase. Die Summen der Gedankenmessung im Verhältnis betragen 19,22 zu 6,78. Eine vollständige Unterdrückung des Gedankens gelang in keinem der Fälle. Auffallend ist, dass trotz der Aufforderung den Gedanken zu unterdrücken, dieser dennoch häufiger als einmal in der Minute ins Bewusstsein drang. Vorkommnisse des Gedankens erfolgten in der Ausdruckphase der ersten Gruppe häufiger, in welcher die anfängliche Unterdrückungsphase vorausgegangen war, als

---

[8] Nach Wegner u.a. (1987) 7.

11

umgekehrt bei der zweiten Gruppe mit der anfänglichen Ausdrucksphase (22,06 zu 16,38 Ereignissen). Hier scheint sich ein, so Wegner, *rebound effect*, ein Rückpralleffekt abzuzeichnen: Je stärker der Gedanke unterdrückt wird, umso mehr drängt er sich in den Vordergrund[9].

Analysiert wurde zudem die Häufigkeit des Einsatzes der Klingel im Minutentakt innerhalb der fünfminütigen Zeitspanne. In der ersten Gruppe mit vorausgegangener Unterdrückung steigt die Kurve im Diagramm bei Wegner an, d.h. das Klingeln nahm in der Ausdruckphase kontinuierlich zu, während die Kurve bei umgekehrter Versuchsanordnung in der zweiten Gruppe steil abfällt. Ähnlich stark fallen die Kurven auch ab, wenn entweder Ausdruck vor Unterdrückung, oder Unterdrückung vor Ausdruck folgt[10].

Einige Probanden entwickelten rasch Strategien um die Aufgaben zu bewältigen. Wenn sie einen zuvor zu unterdrückenden Gedanken zulassen durften, zeigten sie eine beschleunigte Tendenz diesen zu artikulieren, um die Erschöpfung durch die Unterdrückungsphase loszuwerden. Dem zu Beginn für die Testpersonen verwirrenden Unterdrückungsprozess wurde nach ihren Aussagen mit dem Vorsatz „dann denke ich an etwas anderes" begegnet. Allerdings kehrte der Gedanke an den Bären zurück, während sie Ersatzbegriffe formulierten. Solange sie über den anderen Gedanken sprachen, ließ sich der Gedanke „Eisbär" relativ gut unterdrücken[11].

---

[9] Vgl. Wegner, u.a.(1987), 7.
[10] Vgl. Wegner, u.a. (1987), 8.
[11] Vgl. Wegner, u.a. (1987), 7.

2.3. Variation der Versuchsbedingungen

Die Strategie der Selbstablenkung seiner Probanden brachte Wegner auf die Idee zu einer variierten Versuchsanordnung, um eben diesen Prozess analysieren und damit auch die Ergebnisse des ersten Experiments besser deuten zu können. Er geht davon aus, dass ein Individuum, welches vor der Aufgabe steht einen dinglichen Gedanken zu unterdrücken, damit die Aufforderung erhält etwas zu vermeiden, anstatt etwas anzustreben, d.h. es gibt keinen Gegenstand, an dem das Denken sich festmachen könnte, denn ein „Nicht-Eisbär" existiert nicht. Hier liegt seiner Ansicht nach die Ursache für das Problem der Gedankenunterdrückung und den nachfolgenden Rückpralleffekt. Die Person flüchtet daher in die Selbstablenkung und versucht an andere, konkrete Dinge zu denken[12].

Diesmal nahmen 16 Studenten und 38 Studentinnen der Trinity University und des San Antonia College als Testpersonen teil, die für ihren freiwilligen Einsatz mit extra credits honoriert wurden. Drei Versuchsbedingungen wurden festgelegt. Zwei davon entsprachen exakt denen des ersten Experiments. Die dritte verlangte anfängliche Gedankenunterdrückung mit einer Ausnahme: Probanden unter der „zielgerichteter Ablenkungsbedingung" sollten sich während der Unterdrückungsphase gedanklich mit einem einzigen Stichwort, dem eines roten Volkswagens, befassen. Die Aufgabe lautete:

---

[12] Vgl. Wegner, u.a. (1987), 9.

„wenn Ihnen der Eisbär in den Sinn kommt, versuchen Sie an einen roten VW zu denken". Der Versuchsleiter erwähnte den Begriff „roter Volkswagen" kein weiteres Mal.

2.4. Ergebnisse der variierten Versuchsbedingungen

Gruppe	Zeitspanne	
	Unterdrückungsphase	Ausdrucksphase
	Gedankenereignisse	
Anfängliches Benennen	4,13 a	15,47 b
Anfängliche Unterdrückung	9,17 a	34,05 bc
Zielgerichtete Ablenkung	5,94	21,00 c
	Gedankendauer	
Anfängliches Benennen	9,07	64,87
Anfängliche Unterdrückung	7,71	115,53
Zielgerichtete Ablenkung	9,24	65,18

Messung der Gedanken proGruppe und Zeitspanne[13]

Die Tonbandaufnahmen wurden gemäß den Vorgaben aus dem 1. Experiment ausgewertet (Klingeln mit Nennung des Eisbären, nur Klingeln und nur Verbalisation). Zusätzlich für (a) Dauer der Sekunden in welcher ein Eisbär diskutiert wurde, für (b) Erwähnung des roten VW, und für (c) Dauer in Sekunden in denen der rote VW diskutiert wurde. Wie im ersten Experiment fanden

---

[13] Nach Wegner u.a.(1987), 10.

die Probanden die Unterdrückung schwierig; unter alle Bedingungen dachten sie 6,15x in 5 min. an den Eisbären. Wieder taten sich die Testpersonen schwerer, die zunächst den Gedanken unterdrücken sollten. Den Probanden, der dritten Gruppe, die an den roten VW denken sollten, kam während der Unterdrückungsphase der Eisbär nahezu ebenso oft in den Sinn. Alle Testpersonen erwähnten durchschnittlich 8,65 s lang den Eisbären, den roten VW 20,76 s lang. Damit gelang offenbar den Testpersonen die Fokussierung auf den ablenkenden Gedanken. Der Rückpralleffekt des ersten Experiments bestätigte sich bei den Probanden, deren Ausdrucksphase der Unterdrückungsphase folgte. Beim fokussierten Gedanken an den roten VW reduzierte sich der Gedanke an den Eisbären jedoch deutlich[14].

2.5. Diskussion der Ergebnisse

Wegner beschreibt in seinen experimentellen Studien zur Gedankenunterdrückung das Phänomen, dass sich den meisten Menschen unerwünschte Gedanken zu oft sexuellen, illegalen oder aggressiven Inhalten aufdrängen, die sowohl als bedrohlich als auch faszinierend erlebt werden und zur inneren Selbstzensur führen. Wo versucht wird diese Gedanken zu unterdrücken, melden sie sich alsbald verstärkt zurück. Die kognitiven Experimente mit der Vorstellung vom Eisbären folgen dem dargestellten Versuchsablauf und führen zum Ergebnis, dass die Unterdrückung unerwünschter Gedanken einen Anstieg der

---

[14] Vgl. Wegner, u.a. (1987), 10.

Häufigkeit eben dieser Gedanken zur Folge hat. Bei depressiven Personen tritt dieser Effekt noch häufiger auf als bei positiv gestimmten Menschen. Um den *rebound effect* zu vermeiden muss man paradoxerweise den unerwünschten Gedanken verstärken, um ihn loswerden zu können. Wegner bezeichnet diese Strategie als *„stop stopping"*[15]. Wenn das Wegnersche Experiment mit neutralen Begriffen wie Bären und Volkswagen schon einen signifikanten Anstieg an Gedankenhäufigkeit bei Unterdrückung nach sich zieht, stellt sich die Frage wie es um tatsächliche bedrohliche oder persönlich relevante Gedanken bestellt ist, die sich unerwünscht aufdrängen. Damit haben sich Wissenschaftler um Paul Salkovski von der *University of Oxford* 1998 beschäftigt. Eine Kontrollgruppe ohne weitere Instruktionen betätigte in einer 5 min. Zeitspanne einen Schalter, wenn der Gedanke auftauchte. in anderen Experimentalgruppen sollten die Probanden a) den Gedanken unterdrücken, b) durch Ablenkung unterdrücken c) ohne Ablenkung unterdrücken, d) durch Ableistung einer anderen mentalen Aufgabe unterdrücken. Im Ergebnis traten in allen Gruppen bei Unterdrückung die störenden Gedanken mit etwa doppelter Häufigkeit wieder auf. Auch bei absichtsvoller Ablenkung nahmen die Gedanken überhand. Nur bei Ablenkung durch eine andere Tätigkeit entsprach die Intrusion jener der Kontrollgruppe[16]. Daraus lässt sich ableiten, dass neutrale Gedanken, wie sie Wegner im oben beschriebenen Experiment einsetzt, leichter durch fokussierte Ablenkung unterdrückt werden können als persönlich relevante, deren man

---

[15] Vgl. Traue, 1998, 206.
[16] Vgl. Traue, 1998, 207.

sich am besten durch eine andere spezifische Aufgabe entziehen kann.

3. Experiment 2

In den Folgejahren untersuchte Wegner unerwünschte Bewegungsabläufe, die genau das Gegenteil der ursprünglichen Bewegungsabsicht darstellen. Oft wird bei alltäglichen Handlungen, z.B. dem Transport eines Tabletts mit gefüllten Gläsern, gerade dann, wenn man sich vornimmt jetzt bloß nichts zu verschütten, genau das unerwünschte Ergebnis ausgelöst. In einer ersten Untersuchung von Wegner und Ansfield 1994 zu ironischen Prozessen bei Pendelbewegung nahmen acht männliche und acht weibliche Testpersonen teil. Jeder hielt ein Pendel über ein Blatt Papier unter der Instruktion nicht entlang der auf das Blatt gezeichneten Achse zu pendeln. Die Beobachter hielten die maximale Entfernung des Pendels von der verbotenen Achse fest. Die Hälfte der Probanden erhielt zusätzlich die Aufgabe während des Pendelns von 1000 7 s lang rückwärtszuzählen. Die Gruppe unter dieser zusätzlichen Belastung konnte den Abstand zur Achse signifikant schlechter einhalten. Diesem Experiment fehlte allerdings noch ein Vergleich zwischen ungewollter Bewegung und der Bewegungsänderungen in andere Richtungen[17]. Die nachfolgenden Experimente untersuchten beides: unerwünschte und irrelevante Bewegungen

[17] Vgl. Wegner, Daniel M. / Ansfield, Matthew / Piloff, Daniel: The putt and the pendulum. Ironic effects of the Mental Control of Action, in: Psychological Science Vol. 9, No. 3 (1998) 196-199, 197.

unter Belastungsbedingungen. Wegner und seine Kollegen konnten durch Versuche beim Abschlag eines Golfballs oder mit einem von Hand gehaltenen Pendel feststellen, dass ähnlich wie in Experiment 1, bei der mentalen Gedankenkontrolle, die Wahrscheinlichkeit für ironische Fehler zunahm, wenn Probanden zuvor instruiert wurden diese zu vermeiden[18].

3.1. Aufbau des 2. Experiments

Das Pendelexperiment setzte die Annahme voraus, dass unter physischen oder mentalen Belastungen die ironischen Prozesse verstärkt würden. 42 männliche und 42 weibliche Studenten wurden in Gruppen von 2 (Belastung: Belastung vs. Nichtbelastung) x 2 (Instruktion: vermeide Seitenbewegungen vs. halt es ruhig) x 2 (Belastungstyp: mental vs. physisch) mit jeweils gleich vielen weiblichen und männlichen Testpersonen aufgeteilt. Auf eine 36cm² große Glasplatte, auf die in einem hervorgehobenen Koordinatensystem ein Raster mit 12,5cm² mit einer Kästchenseitenlänge von 0,5cm sowie ein deutlich hellgrün markierter Nullpunkt eingetragen waren, wurde eine Videokamera zu Aufzeichnungszwecken gerichtet. Jeder Proband erhielt ein 2 g schweres Kristallpendel an einer 50 cm langen Nylonschnur, in die bei 30 cm ein Knoten geschlungen war, um den Punkt zu markieren, an dem es gehalten werden sollte. Auch die Art des Haltens war exakt vorgeschrieben. Die Testgruppe, unter Vermeidung von Seitenbewegung, wurde instruiert 30 s still

---

[18] Vgl. Wegner (1998) 196.

über dem Nullpunkt zu verharren ohne seitlich auf der x-Achse auszubrechen. Teilnehmern der Mental-Belastung wurde aufgetragen von 1000 rückwärts zu zählen und bei *stop* die erreichte Zahl mitzuteilen. Die Gruppe unter physischer Belastung sollte während des Versuchs einen handelsüblichen Ziegelstein in der freien Hand halten. Die Gruppe unter Stillhaltebedingung sollte das Pendel einfach ruhig halten, ohne Angabe einer verbotenen Richtung. Das Videogerät und Beobachter hielten den jeweiligen Versuchsablauf fest[19].

---

[19] Vgl. Wegner (1998) 198.

3.2 Ergebnisse des 2. Experiments

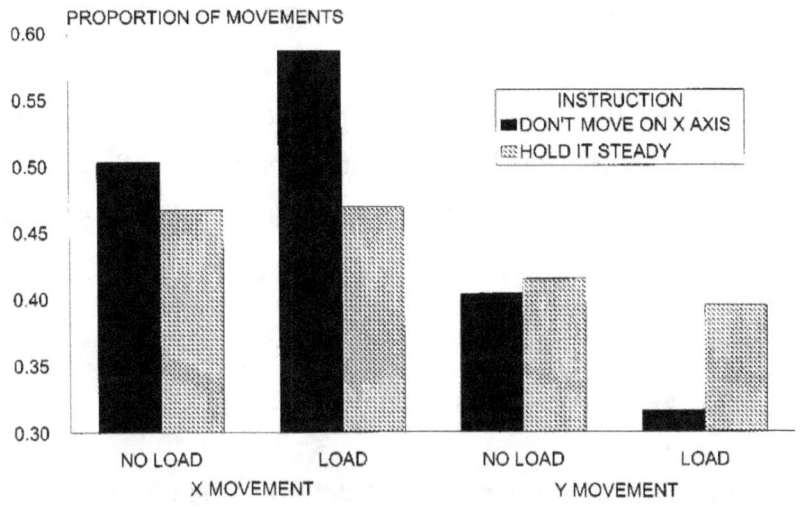

Verhältnis der Bewegungen auf x- und y-Achse als eine Funktion von Belastung und Instruktion[20]

Aus der erstellten Grafik ergibt sich, dass die Versuchsgruppe mit Belastung und dem Verbot der Seitenbewegung auf der x-Achse am stärksten ironischen Prozessen unterworfen waren, während auf der y-Achse unter gleichen Bedingungen ein sehr geringer Ausschlag festzustellen ist. Die Probanden ohne Belastung mit Verbot der Seitenbewegung konnten den Ausschlag auf x etwas besser unterdrücken, aber auch hier ist der Ausschlag nach der erlaubten y-Seite geringer. Die Testgruppe, die ohne Vorgabe einer verbotenen Richtung das Pendel nur still halten sollte, bewegte sich etwas mehr auf der x-Achse, wobei es irrelevant

---

[20] Wegner (1998) Fig. 1, 198.

scheint, ob die Probanden dabei mit dem Ziegelstein belastet waren oder nicht. Zwischen den Geschlechtern ließen sich keine Unterschiede bzgl. der Testergebnisse ausmachen. Unter Belastung, ob physischer oder mentaler Natur, verstärkten sich die ironischen Bewegungsfehler bei den Testpersonen erheblich. Wenn also versucht wird unter Belastung einfache Aktionen nicht auszuführen, kann gerade dies das Auftreten dieser Aktionen verursachen.

4.   Analyse und Erklärung der Resultate

Wegner behauptet in seiner Theorie der ironischen Prozesse, dass beide, der am meisten und der am wenigsten gewünschte Effekt der Versuche den eigenen Bewusstseinszustand zu kontrollieren, von zwei Prozessen abhängen. Der eine Prozess, Operator genannt, ist bewusst und intentional beeinflussbar, während der andere Prozess, Monitor genannt, unbewusst und automatisch abläuft. Der Operator ist die bewusste, mühevolle Suche nach mentalen Inhalten, die den erwünschten Bewusstseinszustand herbeiführen sollen. Obwohl der Monitor eigentlich nur den Operator unterstützen sollte, können die Auswirkungen des Monitors unter Stress, Ablenkung, Zeitdruck oder anderen mentalen Belastungen die Wirksamkeit des Operators ausschalten und zu den am wenigsten erwünschten Bewusstseinszuständen führen. Die Versuche des Individuums die Bewusstseinskontrolle zurückzugewinnen, beschleunigt gerade die unerwünschten Gedanken, die sie lindern sollten[21].

Die Funktion des Monitors ist darauf ausgerichtet Anzeichen für das Wiederauftreten des unerwünschten Gedankens aufzuspüren. Der Operator greift ein, wenn ein solcher Gedanke auftaucht und die Strategie des kontrollierten Denkprozesses tritt auf den Plan, um bewusst den unerwünschten Gedanken zu vermeiden. Dieses System funktioniert jedoch hinlänglich nur solange der Operator nicht durch physische und /oder Belastungen zusätzlich eingeschränkt wird. Dann nämlich nimmt die Funktion des Monitors überhand, dessen Ironie darin besteht weiterhin störende Gedanken aufzudecken, welche vom Operator nicht mehr ausreichend abgewiesen werden und verstärkt ins Bewusstsein eindringen[22]. Das Phänomen der psychosozialen Reaktanz, worunter der innere Widerstand der Person gegen von außen auferlegte Handlungseinschränkungen oder Beeinflussungsversuche verstanden wird[23], verstärkt in den Experimenten mit den zu befolgenden Instruktionen zusätzlich den Effekt von Verhaltensweisen, die den Anweisungen entgegengesetzt sind. Bei zwei Wahlmöglichkeiten wirkt durch die Reaktanz das Verbotene attraktiver.

5. Diskussion der Resultate

[21] Wegner, Daniel M.: When the Antidote is the Poison. Ironic Mental Control Processes, in: Psychological Science, Vol 8, No 3 (1997), 148-150.
[22] Vgl. Aronson, Elliot / Wilson, Timothy D. / Akert, Robin M. (Hg): Sozialpsychologie, München ^{4}2004, 88-90.
[23] Werth / Mayer (2008), 558.

Die Experimentreihen zeigen, dass, insbesondere beim Versuch einfache Bewegungen unter mentaler oder physischer Belastung nicht auszuführen, diese Unterdrückungsversuche geradewegs das Gegenteil hervorrufen. Wie Wegner in seiner Theorie der ironischen Prozesse schon 1994 postulierte, kann Belastung dazu führen, dass nicht nur irrtümliche Bewegungen ausgeführt werden, sondern genau die am wenigsten erwünschten. Mit einem Anflug von Humor rät Wegner dazu die täglichen Ungeschicklichkeiten eines jeden Menschen einfach dem Phänomen der ironischen Prozesse zuzuweisen[24].

Zu übereinstimmenden Ergebnissen mit Wegner führte das von mir im Rahmen der Präsentation im Psychologieseminar[25] zur Veranschaulichung ausgeführte Experiment, bei welchem die Kommilitonen aufgefordert wurden, sich über einen Zeitraum von 5 min. nicht ins eigene Gesicht zu greifen. Paarweise angeordnet – ein Proband, ein Beobachter – protokollierte der Beobachter die unwillkürlichen, unerlaubten Bewegungen des Probanden. Die Aufforderung zur Vermeidung führte zu signifikant gesteigerter Aktivität der verbotenen Bewegung.

Wegners Hypothese des *rebound-effects* lässt sich allerdings nicht generalisieren, wie weitere Untersuchungsreihen (z.B. Merckelbach, Muris, van den Hout & de Jong, 1991-93; Kelly & Kahn, 1994; Mathews & Milroy, 1994; Roemer& Borkovec, 1994; Salkovskis & Campbell, 1994; Smari, Sigurjonsdottir & Saemundsdottir, 1994, Smari, Birgisdottir & Brynjolfsdottir, 1995)

---

[24] Vgl. Wegner (1998), 199.
[25] FH Deggendorf Touristikmanagement, Ss 2012 bei Prof. Dr. Falk Pössenecker.

zeigen. Differenzierte Untersuchungen mit Hochschuleingangstests legen die Vermutung nahe, dass bessere Visualisierungsfähigkeit und stärkere kognitive Gedächtnisleistungen der Probanden Faktoren sein können, welche den Rückpralleffekt erhöhen; dazu kommen Unabhängigkeit als Persönlichkeitsmerkmal und geringe Ängstlichkeit als weitere verstärkende Eigenschaften, die ironische Prozesse provozieren[26].

Es lässt sich feststellen, dass die willentliche Steuerung mentaler Prozesse grundsätzlich störanfällig und begrenzt ist. Nicht durch Entschluss lassen unerwünschte Gedanken sich abschalten, sondern durch Konzentration auf einen anderen Inhalt, wobei dieser Versuch wiederum durch die aktuelle Reizsituation begrenzt ist. Bei pathologischen Störungen der Handlungsregulation, wie z.B. Phobien, Neurosen und Suchtkrankheiten von denen einige im Folgenden kurz dargestellt werden, scheitert die Kontrolle eigener Bewusstseinszustände und Intentionsbildungen[27].

---

[26] Vgl. Fehm, 2000, 45f.
[27] Vgl. Brandtstädter, Jochen: Entwicklung – Intentionalität – Handeln, Stuttgart, 2001, 131.

6. Psychische Störungen bedingt durch ironische Prozesse

Je mehr ein Mensch unter mentaler Belastung steht und / oder zu einer ausgeprägten und dauerhaften mentalen Selbstkontrolle neigt, umso mehr ist mit paradoxen Effekten zu rechnen. Die Intention zur Kontrolle der eigenen Gedanken selbst kann zur Dauerbelastung werden. Zwanghafte Selbstkontrolle und paradoxes Ergebnis schaukeln sich so gegenseitig auf[28].

6.1. Zwangsstörungen

Die Betroffenen versuchen unerwünschte, intrusive Gedanken, Bilder und Impulse zu neutralisieren oder zu unterdrücken, die nicht in ihr Werteschema passen und deshalb für sie inakzeptabel sind. Oft sind die Inhalte sexueller oder aggressiver Natur. Für das Auftreten dieser Gedanken machen die Patienten sich selbst verantwortlich. Durch den Teufelskreis der Kontrollversuche verstärkt sich die Symptomatik[29]. Die negativen Emotionen, die durch den Verlust der Selbstkontrolle ausgelöst werden, können zu zwanghaften Handlungen führen.

---

[28] Vgl. Fehm, 2000, 46.
[29] Vgl. Fehm, 2000, 48f.

6.2. Phobien und Panikanfälle

Menschliche Angst ist ein natürlicher Schutzmechanismus zur Überlebenssicherung. Im übertriebenen Maße führt sie zur Einschränkung der Lebensqualität des Betroffenen. Die Generalisierte Angststörung (GAS) wird ausgelöst durch Sorgen - häufig im Bereich mehrerer Lebensbereiche - die sich der Kontrolle des Patienten entziehen. In bestimmten Situationen oder Orten können unerwartet Panikattacken (z.B. Agoraphobie; Flugangst) auftreten, die ihrerseits neue Ängste schüren, bis es zu einem Zustand der Angst vor den Angstanfällen kommt, aus dem der Patient alleine keinen Ausweg findet. In Untersuchungsreihen von Mathews und Milroy konnte der von Wegner postulierte paradoxe Effekt einer Sorgenverstärkung nach vorheriger Suppressionsphase allerdings nicht nachgewiesen werden und scheint bei Angststörungen keine tragende Rolle zu spielen[30].

---

[30] Vgl. Fehm, 2000, 50-52.

6.3. Posttraumatische Belastungsstörungen

Unvorhergesehene, als extrem bedrohlich erlebte, kurz oder über einen längeren Zeitraum anhaltende, einschneidende Ereignisse lösen im Betroffenen häufig einen Zustand tiefer psychischer Verletzung aus. Die Verarbeitung solcher Traumata (z.B. sexueller Missbrauch; Kriegserlebnisse) erweist sich als schwierig, da der Patient sich wiederkehrenden Gedanken und Emotionen ausgesetzt sieht, die das Trauma in Erinnerung rufen und als äußerst belastend erlebt werden. Die daraus resultierende Vermeidungsstrategie führt in einen Kreislauf kontinuierlich auftretender unerwünschter Gedanken.

Die paradoxe Wirkung der Gedankenunterdrückung im Zusammenhang mit PTBS wurde von Gold und Wegner postuliert und durch Morgan, Matthews und Winton (1995) in einer Untersuchung von Opfern einer Flutkatastrophe nachgewiesen. Das Ausmaß der Gedankenunterdrückung war auch in einer Untersuchung von Verkehrsunfallopfern durch Ehlers, Mayou und Bryant (1998) ausschlaggebend für die Entwicklung einer PTBS bei den Betroffenen. Gedankenunterdrückung scheint bei traumabezogener Symptomatik eine bedeutende Rolle zu spielen: Gefühle von Angst und Depression entwickeln sich proportional zum Aufkommen intrusiver Gedanken an das Trauma, wobei dessen Schwere nachrangig ist[31].

---

[31] Vgl. Fehm, 2000, 52f.

6.4. Depressionen

Depressionen gehören dem weiten Gebiet der affektiven Störungen an. Sie können durch Stresssituationen, existentielle Belastungen und dem Empfinden von Einsamkeit ausgelöst werden. Symptomatisch sind Antriebslosigkeit, Traurigkeit, Schlafstörungen, Sinnverlust und Grübeleien in verschieden schweren Ausprägungen.

In einer Studie von Wenzlaff, Wegner und Roper (1988) wurde der Einfluss depressiver Stimmungslagen hinsichtlich der paradoxen Effekte der Gedankenunterdrückung untersucht. Zwei Versuchsgruppen hoher und niedriger Depressivität sollten Gedanken an eine Geschichte stark positiven bzw. stark negativen Inhalts unterdrücken. Während es bei der Unterdrückung der positiven Gedanken keine Abweichung zwischen den Gruppen gab, gelang die Unterdrückung der negativen Inhalte den depressiven Probanden signifikant schlechter. Weitere Experimente zeigten, dass unter verstärkter kognitiver Belastung, Depressive vermehrt intrusive Gedanken negativer Natur haben und ihre Stimmung nicht aufhellen können. Dieses als Hilflosigkeit erlebte Versagen verfestigt die negative Stimmungslage[32].

---

[32] Vgl. Fehm, 2000, 53f.

6.5. Essstörungen und Suchtverhalten

Unter Essstörungen werden die Erscheinungsformen Adipositas (Esssucht), Bulimie (Ess-Brechsucht) und Anorexie (Magersucht) subsumiert. Bei der Adipositas liegt ein Mangel an Dopaminrezeptoren wie bei Heroin –oder Alkoholabhängigkeit vor. Nach einer Untersuchung von Ardelt-Gattinger und Meindl (2010) zeichnete sich ab, dass der Versuch der Probanden an das „Nicht-Essen" zu denken proportional mit ihrem jeweiligen Körpergewicht stieg: Je schwerer der Patient, desto ausgeprägter seine vergeblichen Kontrollversuche. Das Wegnersche Paradigma der ironischen Prozesse führt hier nachweislich dazu, dass unerwünschte Essgedanken verstärkt ins Bewusstsein gelangen und eine Ablenkung vom Wunsch nach Nahrungsaufnahme so kaum möglich ist. Der Versuch der Vermeidung erweist sich als nicht zielführend, nur eine Ernährungsumstellung auf erlaubte, kalorienarme Lebensmittel könnte Abhilfe schaffen[33].

Ähnlich verhält es sich mit Bulimiepatienten, deren Gedanken unablässig angstbesetzt um Gewichtsprobleme kreisen Die durch das zwanghafte Fasten verursachte Mangelernährung und die ständige Konfrontation mit dem eigenen Unvermögen Essattacken zu vermeiden, fördern das Auftreten quälender Gedanken. Untersuchungen durch Hagen (1996) von Bulimiekranken und einer gesunden Kontrollgruppe ergaben, dass

---

[33] Vgl. Ardelt-Gattinger, Elisabeth: Lebensstiländerung, Suchtstrukturen, Essstörungen und die
ironischen Prozesse des Gehirns, in: Interdisziplinäres Diabetesmanagement, 6 (2012)18-20.

es den Bulimikern generell weitaus schlechter gelang Gedanken zu unterdrücken, egal, ob es sich um neutrale oder negative Themen, oder um verbotene Speisen handelte[34].

Auch im Bereich der Nikotin– Alkohol- oder Drogensucht bieten die Untersuchungsergebnisse zu paradoxen Effekten mentaler Effekte Erklärungsmodelle an. Salkovski & Reynolds haben 1994 im Problemfeld der Nikotinentwöhnung den Zusammenhang von ironischen Prozessen und suchtbezogenen Gedanken mit dem Ergebnis untersucht, dass mit der Intention der Häufigkeit der Gedankenunterdrückung gegenteilige Effekte provoziert werden und die Strategie, den Gedanken an die Zigarette zu kontrollieren, Raucher gewiss nicht zur Entwöhnung führt, sondern eher kontraproduktiv ist[35].

---

[34] Vgl. Fehm, 2000, 56f.
[35] Vgl. Fehm, 2000, 58.

7. Fazit

Wenngleich nicht alle Experimente zu völlig eindeutigen Ergebnissen führen, lassen sich aus den oben beschriebenen Untersuchungen Schlussfolgerungen ziehen: Die kognitive Vermeidung unerwünschter Gedanken führt nicht nur zu deren Aufrechterhaltung, sondern zur Steigerung der Häufigkeit ihres Auftretens. Dies kann wiederum zu verstärkten emotionalen Reaktionen führen, die ihrerseits bei entsprechender Disposition pathologische Zustände auslösen können.

7.1. Kurze Zusammenfassung

Manche Gedanken, Emotionen und Handlungen können als unangenehm empfunden werden. Der Versuch der mentalen Selbstkontrolle führt zu paradoxen Ergebnissen (dem sogenannten *rebound-effect*), wie zuerst Wegner in Experimenten zur Gedanken- und Handlungsunterdrückung nachweisen konnte. Wegner beschreibt das Phänomen mit einem Modell zweier parallel ablaufender Prozesse: Der durch die Intention bewusst kontrollierte Operator-Prozess versucht einen Gedanken durch Ablenkung zu unterdrücken, während der dem Bewusstsein nicht zugängliche Monitor-Prozess automatisch abläuft und beständig auf der Suche nach intrusiven Gedanken ist. Der Operator ist unter kognitiver Belastung störanfällig. So können unerwünschte Inhalte durch die Tätigkeit des Monitors ins Bewusstsein gelangen und führen zu den beobachteten ironischen Prozessen. Dieses

Alltagsphänomen ist auch im Zusammenhang mit psychischen Störungen relevant.

7.2. Lösungsansätze

Für Therapieansätze heißt das, dass eine Konfrontation mit unerwünschten Gedanken und Sorgen auf Dauer hilfreicher ist, als ein kontinuierliches Vermeidungsverhalten. Ein einfaches Zulassen oder auch die Aufarbeitung durch intensives Durchdenken erweisen sich langfristig als die günstigeren Strategien. Insbesondere wenn der Proband die Erfahrung macht, dass sich Ängste nicht bestätigen, können lästige Gedanken ihre Bedeutung verlieren[36]. Obwohl der Wissensstand zu Prozessen mentaler Kontrolle bei psychischen Störungen lückenhaft ist, die Krankheitsbilder vom Zusammenspiel vieler verschiedener Faktoren abhängig sind (z.B. genetischer, kognitiver, physiologischer, biographischer Natur etc.) und die ironischen Prozesse in unterschiedlichen Stadien der psychopathologischen Symptomatik unterschiedlich starke Einflüsse ausüben können, lassen sich therapeutische Empfehlungen ableiten. „Grübelzeiten", in denen der Patient sich bewusst den unerwünschten Inhalten seines Bewusstseins aussetzt, um aus dem anstrengenden und ermüdenden Kreislauf der Vermeidung auszubrechen.

Durch einfache Verhaltensexperimente (z.B. „versuchen Sie nicht an die Zahl 5 zu denken") kann dem Patienten der Automatismus

---

[36] Vgl. Traue, 1998, 209f.

bewusst gemacht werden, mit dem der Monitor seinen Dienst versieht, und ihm damit ein Stück weit die Angst vor einem Kontrollverlust genommen werden.

Das Erlernen von Entspannungstechniken kann helfen mentale und physische Zusatzbelastungen zu reduzieren, die in den Experimenten zu einer Zunahme an ironischen Prozessen führten[37].

---

[37] Vgl. Fehm, 2000, 59f.

8. Literaturverzeichnis

Ardelt-Gattinger, Elisabeth: Lebensstiländerung, Suchtstrukturen, Essstörungen und die

ironischen Prozesse des Gehirns, in: Interdisziplinäres Diabetesmanagement, 6 (2012)18-20.

Aronson, Elliot / Wilson, Timothy D. / Akert, Robin M. (Hg): Sozialpsychologie, München [4]2004.

Brandtstädter, Jochen: Entwicklung – Intentionalität – Handeln, Stuttgart, 2001.

Fehm Lydia B.: Unerwünschte Gedanken bei Angststörungen. Diagnostik und experimentelle Befunde, Diss. masch. Dresden, 2000.

Weischedel, Wilhelm: Die philosophische Hintertreppe. Die großen Philosophen in Alltag und Denken, München [36]2007.

Wegner,Daniel   M./Schneider,D.J./Carter,S.R../White,T.L.: Paradoxical Effects of Thought Suppression, in: Journal of Personality and Social Psychology, 53 (1987) 5-13.

Wegner,Daniel M.: Ironic processes of mental control, in: Psychological Review, 101(1994) 34-52.

Wegner, Daniel M.: When the Antidote is the Poison. Ironic Mental Control Processes, in: Psychological Science, Vol. 8, No. 3 (1997), 148-150.

Wegner, Daniel M. / Ansfield, Matthew / Pilloff, Daniel: The putt and the pendulum. Ironic effects of the Mental Control of Action, in: Psychological Science Vol. 9, No. 3 (1998) 196-199.

Werth, Lioba/ Mayer, Jennifer: Sozialpsychologie, Heidelberg u.a. 2008.

Traue, Harald C.: Emotion und Gesundheit. Die psychobiologische Regulation durch Hemmungen, Berlin 1998.

www.ingramcontent.com/pod-product-compliance
Lightning Source LLC
Chambersburg PA
CBHW070455290526
45791CB00005B/2130